Dana Vrî

MW00985012

De-ale copilăriei

Poezii pentru copii

Vol. 1

Dedic această carte
iubiților mei nepoți,
Tudor și Alexandra!

Suceava, 2022

Prietenul adevărat

Cățelușul meu isteț
Și un pic cam nătăfleț,
Este foarte serios
Fiindcă a pierdut un os.

Se sucește, se-nvârtește
Adulmecă până amețește.
Caută și nu îi place,
Însă osul nu-i dă pace!

O imploră pe pisică...
Hai, te rog, nu fii cinică
Vin și ajută-mă degrabă,
Osul să-l găsesc eu, dragă!

Pisicuța cea curioasă,
Leneșă și mofturoasă
Îl ajută pe cățel,
Însă într-un anumit fel...

Îl întreabă delicat
De știe, de n-a uitat
Când, la cina cea prea mare
Și fără prea multă răbdare

N-a luat, n-a măsurat
Pământul în lung și-n lat.
Ca apoi, cu mult spre seară
Și chiar osul să dispară?

Revelație! Bucurie!
Dintr-o dată, poezie.
Și misterul ce se leagă,
Pisicuța îl dezleagă.

Groapa cea de după casă,
Este una prețioasă!
Ce să fie acolo... pui?
Nu, e simplu... osul lui!

Uite-așa, cățelul iubit
Tare mult a suferit,
Plâns, mâhnit și mult oftat,
Toate, fiindcă... a uitat!

Pisica mea

Am o pisicuță gri,
E cuminte, vrei să știi?
Dar e leneșă, curioasă
Și e splendid de frumoasă!

Toată ziua stă la soare,
Și îmi cere de mâncare.
E singura ei activitate,
Fiindcă eu le fac pe toate!

Miau în sus și miau în jos
Și tot cere cu folos
Mâncare multă și bună,
Parcă n-a mâncat de-o lună!

Mă privește indignată
Și se-arată supărată
Când alarma o trezește,
Și căscatu-și potrivește.

Ar mai sta în pat o lună
Însă și mâncarea-i bună.
De aceea, o zbughește, unde?
Ați ghicit, la castronul mult dorit!

Joaca, dumneaei, o-adoră,
O așteaptă, o imploră.
Fuge, se-ascunde prin casă
Și îți sare drept în față!

Seara, însă, la culcare,
Este bucurie mare.
Când vine, se pisicește
Apoi toarce, voinicește.

Ea, de mine, se lipește
Și urechile-și ciulește.
Și așteaptă mângâiată,
Iubită și alintată.

Brațul, ea mi-l folosește.
Ochii-nchide, nu clipește.
Vreți și voi, nu-i așa,
O pisică ca a mea?

Ursulețul Martinică

Ursulețul Martinică
E voinic și fără frică.
Însă, caută-n poiană
Partener, cu cin-să doarmă!

Îi apare-n gând roșcata...
Fugi, ferește-te, vrei alta?
Tu, o coadă ai pierdut
Vrei s-o iei de la-nceput?

O zărește pe furnică.
Nuuuu, aceasta-i mult prea mică...
Patul, cum să-l potrivesc?
Pot oricând să o strivesc.

O ciocănitoare-apare
Și-i aduce-o alinare. Dar...
Nu pot s-o invit în dormitor,
Că mă ciocăne de zor!

De-ar fi greieraşul Gimmy
Prieten cu toţi străinii?
El e ager, talentat,
Vesel şi literat.

Trubadur în miez de vară
Cu multe cântece de seară.
Nuuu, că n-aş putea dormi,
Somnul nu l-aş împlini.

Dintr-o dată îi apare
Iepuraşul Rilă, care,
Atunci când pe urs zăreşte,
Urechiuşile-şi fereşte.

Ce e Rilă, chiar te doare?
Nu mă privi cu mirare.
Fă-te-ncoace, cu mult drag,
Invitaţie vreau să-ţi fac!

Casa mea să-ţi fie ţie,
Şi acum, şi pe vecie
Loc de somn, de relaxare,
De făcut plajă la soare!

Iepurașul se uimește
Și din ochi el des clipește.
Aș veni cu drag, să știi.
Însă, dacă vei muri?

Mor în sus și mor în jos
Nu e deloc curios
Și, confortabil, să știi bine
Să te tot aud pe tine!

Iepurașule, iubit
Vorba, tu, n-o ai ghicit.
Asta spun mereu, mereu,
Ăsta este glasul meu!

Mașinuța mea

Azi, sunt foarte supărată
Fiindcă mașinuța toată,
Când, din somn, ea s-a trezit,
Zgârietură a găsit.

Era tristă, indignată,
Abătută-ngândurată.
Chiar cred că o și durea
Așa, puțin, pe mașina mea.

Nu știam de unde-i vina...
S-o fi atins gospodina
C-o sacoșă cu legume,
Fără să lase un nume?

Sau să fi fost vreo pisică?
Nu, pe capotă se ridică
Unde-i cald, de la motor
Și unde toarce de zor.

Poate Andrei, băiatul care
Se mai joacă în parcare?
Nu cred, că el în familie-nvață
Cum să se comporte-n viață.

Și la grădi doamna spune
Chiar, lucrurilor pe nume.
Unde-i bine, unde-i rău,
Spre a ne feri mereu.

Cred că o voi lăsa baltă
Să nu fie loc de ceartă.
Uite, acuma e și post...
Și chiar nu mai are rost.

Totuși, ce e de făcut?
Mă întreb de la-nceput.
Rezolvarea vine, crește
Și mecanic se numește!

Doar un polish el i-a dat
Și problema-rezolvat.
A fost simplu, nu-i așa?
Zâmbește mașina mea!

Bradul

Pe brăduțul de la piață,
Cred că-l știu de mult, de-o viață.
Era tare subțirel,
Și creșteam-odat cu el.

Eu obraznic, el trufaș
Eu îmbrăcat, el golaș.
El etajul și eu anul,
Fericire cu toptanul.

Mult am vrut să-l iau la școală,
Să-l îmbrăcăm cu beteală.
Clasa să o-mpodobească,
Pe copii să-i veselească!

Dar brăduțul meu frumos,
A lăsat mult creanga-n jos
Și mi-a zis, cu-amar, subit
Că viața lui s-a sfârșit

Dacă merge-n interior,
În clasă, în dormitor.
Dă de cald, transpiră, curge
Și încet, încet, se scurge.

Acele îi vor cădea
Pe covor, pe dușumea.
Și plângând până leșină,
Cu bobițe de rășină.

- Nu , nu vreau așa ceva!
Unde-i prietenia mea?
Vreau ca și el, brad, iubit,
Să trăiască fericit!

Vara, umbră să-mi ofere
Atunci când nu mai am putere.
Aer bun, curat, ozon
Toate să fie, de bon-ton!

Și în iarnă, an de an,
Cu multă zăpadă-n ram,
Magie să potrivească,
Ochii să se-nveselească!

Și uite-așa, brăduțul meu
A rămas la locul său.
Astăzi, mâine, luni și ani,
Sănătate! La mulți ani!

Mingea

Vă-întrebam recent, aseară
Dacă n-ați văzut pe-afară
Mingea roșie, ușoară
Ce-am primit-o astă vară.

O știam în foișor
Pusă lângă un ulcior
Cu care apă cărăm,
Plantele să le udăm.

Nu e nici lângă grătarul
Care scoate fum tot anul.
Nu-i în seră, nu-i în iarbă,
Un` să fie oare, dragă?

Mă apuc să cercetez
Curtea, și să inspectez
Fiecare colțișor,
Potențial autor.

Vântul bate frunza lină,
Mă trezesc lângă fântână,
Lângă cușca lui Azor
Care sforăie ușor.

M-apropii încet, cu teamă,
Parcă l-aș lăsa să doarmă.
Că dacă e fără os,
Chiar devine mofturos.

Însă văd ceva în cușcă...
Dacă bag mâna, mă mușcă?
Nu știu ce fac, o să trebuiască
Somnul să și-l împlinească.

Stau și aștept fără răbdare
Lângă Azorică, care,
Se odihnește fără grijă
Și doarme ca o valiză.

Șttt!!! Liniște!!! S-a trezit!
Dintr-o dată m-a privit.
A căscat, s-a-ntins alene,
Desfăcând a sale gene.

Și mirat m-a întrebat
Oare ce s-a întâmplat?
Și din ochi, clipind ușor...
Ce îi cat în dormitor?

Îl alint, dezmierd, vorbesc
Cuvintele să-mi găsesc.
Și rugându-l fin, apoi,
Mingea să mi-o dea-napoi!

El se bucură, zâmbește.
La minge nu se gândește...
A luat-o doar așa,
Pentru compania sa!

Primăvara

Astăzi mi-a venit, spre seară
Un miros de primăvară.
Însă, nuuu, m-am înșelat
Și gândul l-am alungat.

Totuși, cred că am dreptate
Ce-ar fi să mă uit la toate?
Și-apoi să pândesc,
Primăvara s-o primesc.

Oare ce face albina?
S-a apucat gospodina
De zburat, dereticat,
Poate... și de înțepat?

Firul ierbii... da, văd bine
Parcă se uită la mine.
Să m` implore, cum să zic,
Să am grijă, că e mic!

Cum arată copăceii?
Au ieșit și mielușeii?
Mi-s atât de dragi, că strig:
- Hai să vă pup pe botic!

Hop, apare-o zburătoare
Mierla, prima cântătoare,
Care, atunci când glăsuiește
Primăvara-o prevestește!

Nu știu, pot să văd de urs
Ce-n bârlog de mult s-a dus?
Doar să-aud un singur „mor"
Și-mi va fi de ajutor!

Știi ce spune și zefirul,
Lin, călduțul, trandafirul
Când adie-n toată țara?
Ce frumos e primăvara!

Da, așa-i, sunt multe semne.
Oare asta să însemne
Că am uitat de vătrai
Și-am scăpat de guturai?

Bine, bine ai venit,
Anotimp drag și iubit!
De la toate ai chemare,
Și râde natura-n soare!

Vara

Uf, căldură multă, soare
Tocmai am venit de la mare.
Cu colacu-am înotat,
Și un pic chiar m-am bronzat.

Și-acum ce fac, să cânt?
Pentru că-n vacanță sunt.
Fac bagaj și o zbughesc
La bunici, să-i fericesc!

Doar deschid poarta, nițel
Și apare Azorel
Lătrând tare, din guriță,
Dând vestea și pe uliță.

Ce frumos arată totul...
Soare, verde, umbră... pontul?
Nu ți-l vând, ți-am spus și-aseară.
Nu e greu, suntem la țară!

Uau, cireșele-s în toi!
Nu mai știu, astăzi e joi?
Că mă cațăr ne-ncetat
Și de timp am cam uitat.

Merg să prind și fluturași
Mari și mici și drăgălași.
Însă, de-i îngrămădesc
Libertatea le-o răpesc.

Azi, la iaz un pește-am prins.
Dar de el nu m-am atins.
Cu gurița semn făcea,
Mai avea-un pic și murea.

Gâștele în cârd cam mare
Văzând și cătând mâncare,
Mă atacă cu aripa,
Parcă le-am furat ceva.

Nori pe cer? Nici vorbă, ioc!
Și nu plouă deloc.
Zi toridă s-anunțat.
- Nu vrei să vii la scăldat?

Seara însă, feerii,
Luminițe, melodii.
Greieraşi în miez de vară
Ce-şi cântă balada iară!

Stau şi-ascult în miez de noapte
Tot concertul plin de şoapte.
Iar bunica strigă tare:
Hai, copile, la culcare!

Greierașul

Astăzi, mai pe l-asfinţit,
Greieraşul obosit,
A-ntrebat uşor, cu teamă...
Totuşi, este zi de toamnă?

Că întreb şi eu, să ştiu,
Că iar am cântat târziu...
Nu mai pot să stau la soare.
Şi rămân fără mâncare.

Bravo! Acum ai aflat
Că natura s-a schimbat?
Ziua este mult mai mică,
Frunza s-a colorat şi pică.

Noaptea este răcoroasă
Că trebuie să intri-n casă.
Tu provizii să aduni,
Ca să ai zile şi luni!

Fructele s-au strâns din pomi
Tu ce faci ziua, chiar dormi?
Hai la treabă, nu mai sta,
Pune pe iarnă ceva!

Migratoarele s-au dus
Și de aici, de la apus
Iară ursul-ncetișor,
Se retrage... mor și mor.

Porumbu` s-a recoltat
Și tocmai am aflat
Că va fi grâu mult de pâine,
Și pentru ziua de mâine.

Uite norul! Vine ploaie.
Fugi greieraș, că te-nmoaie.
Du-te acum la casa ta
Că sigur ai tu ceva!

Greierașul supărat,
Căpușorul și-a plecat.
Și-a-nceput cu amar să cânte
De grijile astea să uite.

Cri, cri, cri pe seară gri
Fără multe bucurii.
Iară am greșit, știu bine
Și mă fac cam de rușine.

Iar nu am mâncare strânsă
Și voi sta cu mâna-ntinsă.
Și-or să râdă acum, să știi,
Și furnică, și copii.

Dar s-a terminat cu statul!
De la anul, voi fi altul!
Cântec, muncă și-un somnic,
Ca să mă refac un pic.

Iar când va fi ceas de seară
M-oi așeza la chitară,
Ș-am să zic multe, să cânt,
Ca pe toți să îi încânt!

Toamna

Toamna cea cu rochii multe,
Și mai lungi, dar și mai scurte,
Cu parfumurile fine,
A venit și pe la mine.

O zăresc cumva, pe seară
Parcă a venit să ceară
Un pulover, două-n plus
Fiindcă căldura s-a dus.

Auriu, maro, roșcat
Toată natura s-a schimbat.
Covor de frunze gros, pufos
La sol să fie cu folos.

Uite o cioară care-ncearcă
Cu mult chin și efort, parcă
Nuca ce tocmai a aflat
La cuibul său s-o ducă-ndat.

Și am văzut că nu-s cocoare,
Acele păsări călătoare
Care vin, stau și pleacă iară,
Trecând și granița de țară.

Ooo, de furnică, nu mai zic
Și sus, și jos, precum un tic
Adună, cară-ngrămădește,
Cămara bine o ticsește.

Să merg să văd la greieraș
Micuțul nostru ceteraș,
Cu cântece și note dese
De a făcut ceva progrese?

Mă uit la pomii fructiferi
Ce parcă, mai ziua de ieri
Cu rod mult, roșu, bogat
Crengile și-au încărcat.

Iară galbena gutuie,
Cu arome de tămâie,
Stă și așteaptă mult, în pom
Că e fructă de sezon.

Vin și strugurașii copți
În panere mari, cu torți.
Cu formă destul de-aleasă,
Pentru deserturi pe masă.

Toamnă dragă, dragă toamnă
Ești frumoasă ca o doamnă!
Nici ca iarna, friguroasă,
Nici ca vara, călduroasă!

Să mai vii, să nu ne uiți!
Ca să poți să mai aduci
Roade multe-mbelșugate,
Pentru a avea de toate!

Iarna

Am zărit fulgi de zăpadă
Și pe pervaz, și pe stradă.
Cred că, gata, a sosit
Anotimpul cel albit.

Și parcă nu se oprește
Tot mai mult, chiar se-ntețește
Perdea de albișori
De la norii călători.

Stau, admir, mă uit și zic
Că mă-îmbrac și ies un pic.
Bulgăraș cu rostogol
Ca să fac, că mi-este dor!

Și în cine să arunc?
Tocmai a trecut un prunc...
Nu-i frumos, că este mic
Și cred că papă lăptic!

Dar ninsoarea nu se lasă.
Vrea să ne țină în casă,
Cu părinți, copii, bunici
Și cu povești cu pitici.

Totu-i alb, pe deal, pe vale,
Pe cărare, pe răzoare.
Astrul zilei a-asfințit
Și totu-i încremenit!

Dintr-odată noaptea pică,
Și la noi, și la furnică...
Și la pădurea cea mare,
Ca și la-ntreaga suflare.

Luna mare-apărut
Peste albul ne-nceput.
Creând o alee lungă,
Pentru cei ce vor s-ajungă

Ori acasă, ori la moară
Ori la trenul cel de seară.
La cei singuri, și la frați,
Și la cei întârziați.

Văd și stelele aprinse
Sub tăcerea lunii-ntinse.
Văd pământul ce-Ți aduce
Rugăciune și străluce!

Mulțumire, închinăciune
Pentru tot ce-ai dat în lume!
Diamante de cleștar,
Pentru fiecare dar!

Ăsta-i anotimpu-n care
Avem bucurie mare!
Nașterea lui Iisus,
Ce mântuire-adus!

Ger, zăpadă, frig, polei
Chiar un ceai cu flori de tei
De nu-ți place, de nu vrei,
Ăsta-i apanajul ei!

Haide iarnă-n dosul porții
Să ne bucurăm cu toții!
Sănătate cu toptanul,
Și să ne vedem la anul!

Semaforul

Astăzi, în amiaza mare
Fiind plecată la plimbare,
Am văzut un omușor
Ce monta un semafor.

Colț de bloc, alee, stradă
Ca toată lumea să-l vadă.
Luminile să inverseze,
Și pe noi să ne ghideze.

Însă lumea chiar nu știe
De așa o bucurie.
De aceea, când sosesc
Toți, ca unul se opresc.

Curbă, scrâșnete de roți
Și-apoi se opresc toți.
Că-i mașină, gospodină,
Om sătul sau fără cină.

Hop, apare și Alexandra
Grăbită să treacă strada.
Ea tot timpul se grăbește,
Și în jur nu prea privește.

Ea e, sigur, însoțită,
De bunica sa iubită.
Și se plimbă-acum că-i vara,
Până pe la nouă seara.

- Hai, buni, cu mine, uite
Strada să o trecem iute!
Că m-așteaptă hinta mare
Că doar suntem la plimbare!

- Alexandra, draga mea,
Stai să-ți spun ție ceva.
Traversăm, iar nu zburăm,
Și culorile-nvățăm.

Roșu, e autoritar mare
Că ne pune-n așteptare.
Nici n-ai voie să visezi
Că strada o traversezi!

Vine-apoi galben în față
Care ne dă o speranță.
Timp puțin, normat să zic,
Însă tot mai stăm un pic.

În sfârșit, apare verde
Poate nu îți vine-a crede.
Și ai voie a traversa,
Numai la culoarea asta!

Alexandra-i amuzată
De această lecție dată.
Și încearcă studios
Să rețină cu folos.

Haideți toți, cu mic, cu mare
Să reținem pe culoare.
Când e nu și când e da,
Că asta e regula!

Băiatul trist

- Buni, astăzi am zărit
Un copil cam obosit.
Era mic, plăpând de fel
Și pe față murdărel.

Stătea retras pe o bancă
În parcul nostru de joacă.
Și nici nu îndrăznea
Pe topogan să se dea.

Cred că era supărat,
Nici măcar n-a sesizat
Că m-apropii-ncet, nițel
Vreau să vorbesc cu el.

- Ce s-a întâmplat, frățioare?
Pot să te ajut eu, oare?
Când te văd cum plângi, oftezi
Inima îmi întristezi.

Dar băiatul nici n-aude
Cu privirea el pătrunde
Crăpătura cea oblică
Unde intră o furnică.

Gata, cred că am găsit
Modul să-l fac fericit!
Și-ncep a gesticula
Ca un clovn, la circ, așa!

Băiețelul se trezește
Zâmbetul își potrivește.
Dar surâsu-i greu, amar
Daa, l-am pus pe cântar.

Am rămas eu, singur, cuc
Și nu știu un` să mă duc.
M-am pierdut de a mea mamă
Fără ca să bag de seamă.

Eram în oraș... aglomerație.
Când văd jucării... tentație!
N-ascult, obraznic, de povață,
Și mă trezesc ieșit din piață.

Obraznic sunt, și-mi pare rău
Să mă gândesc îmi este greu
Că voi rămâne noaptea-aici
Ce fac, cum dorm, ca un arici?

Nu-i prea frumos că ai lăsat
Pe mama-n piață și-ai plecat.
Datori suntem să ascultăm,
Ca pe părinți să-i bucurăm.

Eu vreau să te conving, acuma
Că mamă este numai una!
Întreg pământul răscolește,
Până te află, te găsește!

Odihnă, pace, n-o avea,
Va spune la toată lumea
Că a pierdut al său odor,
La ei să afle ajutor!

Ridic privirea obosită...
O doamnă plânsă, răvășită,
Un câine lup nițel cam trist,
Alături de un polițist.

Dar iată, lupul veselește
Spre băiețel el o pornește.
Și-ncepe tare a lătra,
Că el și-a făcut treaba!

Emoții, lacrimi-mbrățișări.
Unde-i mai bine? Nicăieri!
Unde-i mai sigur? La mama!
Abia așa ne dăm seama.

Dragii mei, să nu uitați,
Veșnic să ascultați!
Că pe stradă nu e junglă,
Copiii cu părinții umblă!

La zoo

Pentru că ați fost cuminți,
Clasa, fără de părinți,
Azi va merge undeva!
Strigă, vesel, Nadia.

Ne-mbrăcăm, ne-ncolonăm
Cu autocarul plecăm.
Multe bucurii trăim
Că fugim și nu dormim.

Râset, țipăt, hărmălaie.
E atmosferă vioaie!
Autocarul s-a oprit,
La zoo am poposit.

Lume multă, îmbulzeală,
Toate sunt cu socoteală.
Vrem s-o luăm de la-nceput,
C-avem multe de văzut.

Vedem zebra cea dungată,
Alb și negru, deodată.
Tot înaltă, tot ca ea
Apare și girafa!

Pe liana învârtită,
Cine pare amețită?
Maimuțica, năzdrăvana...
Chiar își mănâncă banana?

Uite, uite-un popândău!
Eu știu că el nu e rău.
Doar privește-n față-n spate,
Ca nimica să nu-i scape.

O privim și pe vulpiță
Care-ar duce la guriță
Și un pește, și-o găină,
Doar să-i fie burta plină.

Ursul mic de catifea
Cu nasul ca lingura,
Puiul koala de îl vezi,
Toată ziua te distrezi!

Iar mai sus, ca după-un somn,
Tot sărind din pom în pom,
Veverița, năzdrăvana
Hai să o strigăm... - Mariana!

Iepurașii coconașii
Cu năsucurile lor
Umede și reci... iertați,
Fug și se-ascund speriați.

Și ce fluturași superbi!
De unde sunt? Să nu mă-ntrebi.
Totul e plin de culoare!
Strigă Alexandra, tare.

Eu am cam obosit
Și aș vrea să plec subit.
Să mă culc, să dorm cu Rică
Fiindcă sunt cam mititică.

Dar promit c-o să mă-ntorc,
Și atunci o să văd tot!
N-o să mai plec înapoi,
Și-o să vă iau și pe voi!

Șoricelul Kiț-kiț

Eu sunt Kiț-kiț, șoricelul,
Prieten bun doar cu cățelul.
Și vreau să vă povestesc,
Viața pe care-o trăiesc.

Cine mai era ca mine..
Stăteam în casă, dormeam bine.
M-alintam, fugeam, mâncam,
Plimbări lungi noaptea făceam.

Pe masă, dulapuri, cutii,
Pe lada cu jucării.
Toate, cu sau fără rost,
Și pe frigider am fost!

Mai făceam și stricăciuni,
Dar numai în ziua de luni.
Rodeam țesătură-n val,
De prindeam... și-un cașcaval.

Pâine, mere, înghețată
Pe asta-am mâncat-o toată!
Cam pe toate le aveam,
Dar W.C. nu foloseam...

Eii, dar treaba s-a stricat
Când doamna s-a supărat.
Și cred că m-a pedepsit
Când în casă a sosit

Un motan vânjos și gri.
Ce mai blană are... pfii!
Cred că e rasa sadea,
Albastru de Rusia.

Vine, calcă-ncetișor
Doar pe-alături de covor.
Simt tensiunea cum crește,
Și el, Ouzo se numește!

Dintr-odată amețesc,
Cuvintele nu-mi găsesc.
Și cred că am pierdut
Confortul ce l-am avut!

Vreau să fug, să scap de-aici
Chiar de merg și la furnici.
Și n-am decât un gând,
Că trebuie să m-ascund!

Într-o gaură, o grindă,
Sau chiar după oglindă.
Că se știe frumoasă, cultă,
Și în ea nu se mai uită.

Ba e fină, languroasă
Zici că a ieșit din casă
Periată, parfumată,
Să o vadă curtea toată!

Ba se-ncruntă și scrutează
Zările... atunci, vânează.
Și nu sunt deloc ridicol,
Să fug tare, că-i pericol!

Și atenție multă, zic
Că e mare inamic,
Având fețe fel de fel,
Ca o varză de Bruxelles!

Orice-ar fi, orice s-ar spune,
Mie mi-e frică în lume.
Că sunt mic, micuț, așa...
Și nu mă pot apăra.

N-aș putea, oare, cumva
Să rămân doar în sofa,
Și cuminte să mă fac
Ca doamnei să-i fac pe plac?

Haide să-ți spun eu ție,
Nu ești animal de companie!
Că așa-i de când lumea,
Doar pisica poate sta!

Moș Crăciun

Este anotimp de iarnă
Cu norii ce stau să cearnă,
Scuturând multă zăpadă,
Și pe câmp, dar și pe stradă.

Pe șosea, mașini, claxoane.
Parcă ar fi multe vagoane.
Însă nici pe trotuare
Nu e bucurie mare.

Mergi încet, atent de-acum
Atenția la maximum!
Însă chiar cu toate astea,
Tot mai cade cineva!

Noaptea repede sosește.
Ziua-i mică, obosește.
Și se duce la culcare,
Aprinzându-și felinare.

Este anotimpu-n care
Ne cam uităm după soare.
Însă albul liniștit,
Chiar te face fericit!

Însă la derdeluș,
Zarvă mare, jos și sus...
Că ți-am spus de atâtea ori,
E vacanță pe la școli!

Și mai este-o bucurie!
Cât de mare? Cât să ție!
Că este acum pe drum...
Și-o să apară Moș Crăciun!

Moș Crăciun cu barba albă,
Cu desaga mare, largă
Vine! Îndată poposește,
Și pe copii fericește!

Are daruri multe, multe
Și mai mari, și mai mărunte.
Pentru cei ce-au fost cuminți,
Pentru copii fără părinți.

Are păpuşi, trenuri, maşini
Ursuleţi şi heruvimi.
Are macarale, cărţi,
Joc de puzzle, dar şi hărţi.

Liste lungi el a citit.
Un an întreg a pregătit
Cadouri cu fundiţe multe,
Pentru copii ce vor s-asculte

De dascăli şi de profesori
Ce sfaturi dau de-atâtea ori,
Care educă şi consiliază
Şi caractere noi formează.

A venit cu sania
Tocmai din Laponia.
Şi chiar a nimerit,
De Crăciunul nostr` iubit!

S-a născut Domnul Hristos,
Să colindăm cu folos!
Slăvită Naşterea Sa
Că a mântuit lumea!

De Crăciun să fii mai bun!
Că sunt case fără fum...
Și sunt mulți copii săraci
Care plâng, și-s disperați.

Care își doresc și ei...
Să le dăm un cadou, vrei?
Un colind să le cântăm,
Și pe ei să-i alinăm.

Bradul mare și frumos
E împodobit până jos.
Și așteaptă fericit,
Să se-adune liniștit

Întreagă familia
Și să-nceapă a cânta
O colindă de folos,
Cu domnul Iisus Hristos!

Iară de Moșul ar vrea,
Să-mi aducă-n dar, ceva,
Sunt aici, și îl primesc
Pot chiar să-l omenesc!

Iară de nu poate acum,
Nu mă supăr, eu o spun!
Însă îl rog mult, fierbinte,
Ca nu cumva să mă uite,

Și să plece-n zbor cu renii
La-a lui casă-n miezul iernii.
Ce fac atunci? Mă plâng din nou?
Mai stau un an fără cadou?

Recreația mare

Clopoțelul sună iară,
Sigur, pentru a treia oară.
Și cum știe fiecare,
Vine recreația mare!

Ne-mbrâncim, ne bulucim
Ca din clasă să ieșim.
Să ne bucurăm de soare,
Că e recreația mare!

Tudor a rămas în bancă
Că migrena îl încearcă.
Dar e bucuros tare,
Că e recreația mare!

Alexandra-i jos, pe scară,
Și mănâncă o banană.
Se gândește la plimbare,
Că e recreația mare!

Totuși, fuge fericită
La colega ei iubită.
Hai să ne jucăm la bare,
Că e recreația mare!

Anca-Maria și Victor
Râd și aleargă de zor.
Cu glas tare, cu strigare,
Că e recreația mare!

Mihaela desenează,
Andreea consiliază.
Că toți aveam o chemare,
Până și-n recreația mare!

Lili joacă șotron.
Adi vorbește la telefon.
Când încet și când mai tare,
Că e recreația mare!

Vreme bună am avut,
Multe lucruri s-au făcut.
Mai restrâns, mai cu amploare,
A fost... recreația mare!

Joaca de copii

Alexandra s-a mirat
De curând, când a aflat
Că are vecini noi,
De miercuri sau de joi.

I-a spus Tudor, al său frate
Și sigur are dreptate.
Că parcă și ea a zărit
Niște copii ce-au fugit.

Ea-i o fetiță frumoasă,
Veselă și bucuroasă
Și ar vrea cu drag, cu pace,
Ca-mpreună să se joace.

Ei, la casă locuiesc.
Au grădină, și-și doresc
Să se-ascundă, să alerge,
Că-i vacanță, asta-i lege.

Dimineața când se scoală,
Cu apă pe față se spală.
Apoi zâmbesc fericiți,
Cu dințișorii albiți.

Micul dejun e pe masă,
Mănâncă și nu ies din casă
Până când n-au isprăvit,
Și mamei i-au mulțumit!

Apoi, ies toți pe toloacă
La locul preferat de joacă
Unde se-adună, grămadă,
Toți copiii de pe stradă.

Vlad aduce-o minge mare.
Cami, după colț apare
C-o păpușă zulufată,
Albă, sigur, nebronzată.

Sofiana coarda sare
Și cere la fiecare
O cană cu apă rece
Ca setea să-i poată trece.

Hop, apar vecinii noi.
Băiat și fată, sunt doar doi.
Însă par a fi timizi,
Și sigur, nu sunt rigizi.

Se uită și nu-ndrăznesc,
Glasurile-și potrivesc,
Apoi salută cu sfială,
Și stau unde-au stat și-aseară.

N-au o minge, o jucărie,
Măcar un zmeu de hârtie.
Totuși, au un duh de bine,
Dar ceva, ceva-i reține...

Alexandra fuge-n casă
Și se-ntoarce radioasă,
Cară pungi cu jucării
Dându-le celor doi copii.

Are păpuși multe, urși
Puzzle-uri, jocuri și râși.
Căței, cai, chiar și ponei
Hai, te rog, ia tot ce vrei!

Alin oftează și Ana vede
Potop de jucării, nu le vine-a crede
Că au primit într-un minut,
Câte `ntr-o viață n-au avut!

Alexandra radia...
Știe de la mama sa
Că mari bucurii trăiești,
Atunci când dai, nu când primești!

Cifrele alintate

Eu sunt UNU, primu-n toate
Și pe față, și pe spate.
Și am un singur crez,
E locul meu și nu-l cedez!

Ocup și eu un loc de soi,
Strigă tare cifra DOI!
Și nu fii tare de-o ureche,
La mine, totu-i cu pereche!

E bun și TREI la ceva,
Că-i după doi, la dreapta.
Pe podium aduce bucurie,
Însă notă, să nu fie!

Apoi, cifra PATRU-urmează.
E un scaun, ia, te-așează.
Însă, sigur nu dorești,
În carnet să îl primești!

Vine și CINCI fericit
Că pragul l-a depășit
Are chiar patru sub el,
Ca ceilalți, mai mititel.

ȘASE strigă-n gura mare
Doar consoane și vocale!
Poți spune sonor și des
Fără să te enervezi?

ȘAPTE zile-n săptămână
Aș dormi, dar nu-i a bună.
Aș sta-n hamac la soare,
Și aș merge la plimbare!

OPT e cifra rotunjoară,
Doi de zero pe o scară.
Sau doi ochi ce stau să cadă,
De la omul de zăpadă.

NOUĂ, greutate multă
Însă grijă, cei ce-ascultă!
De cumva l-ai inversat,
Valoarea i-ai micșorat!

ZECE este cel mai mare.
Două cifre la plimbare.
Fie că-i notă sau oră,
Sigur, nimeni n-o ignoră!

Stați, că încă nu-i sfârșit!
Finalul nu-i fericit.
Voi mereu vă lăudați,
Pe mine mă ignorați!

Chiar dacă sunt cifră goală,
În dreapta lui stau cu fală!
El, ca UNU dă din coate,
Și fără mine nu poate!

Ai ghicit și mă știi bine,
Treabă bună faci cu mine.
Eu sunt mare, nu mai cresc,
Cifra ZERO mă numesc!

Uite așa, de jos în sus
Toate cifrele au spus
C-au valoare, că-s curtate,
Însă-s foarte... alintate!

Albinuța

Frigul iernii s-a sfârșit,
Soarele nu e timid.
El răsare, strălucește
Natura o-nveselește.

Ne-ncălzește cu ale lui raze
Și ne cheamă-afar` la oaze
De lumină, de verdeață
Hai, tot mai ai fruntea creață?

Firul ierbii nu e mare
Dar promite că în soare
Va crește mare și verde,
Bucurie cine-l vede!

Iar copacii... o splendoare!
Fiecare ram, cu floare.
Multe, mari dar și mărunte
Cât să fie? Mii sau sute?

Sunt și albe sunt și roz
Ca să fie cu folos
Celor mici și cu griji multe,
Albinuțelor mărunte.

- Bine ai venit, primăvară!
Strigă toate-n cor, afară.
Cu iarna capricioasă,
Nu am mai ieșit din casă.

Mierea s-a cam terminat,
Toată iarna am mâncat.
Și acum am vrea, de mâine,
Stupul să îl umplem bine.

Noi, deja, trecem la fapte
De cu zori și până-n noapte.
Avem multe de făcut
Și o luăm de la-nceput.

De aceea zboară-n roi
Zile multe, miercuri, joi.
Alergând să se hrănească,
Polenul să îl găsească.

Se hrănesc și cu nectarul
Florilor, însă avarul
Cel din stup, marele trântor,
Cu aere multe, de mentor,

Așteaptă zilnic mâncare
Fără-amesteca prin oale.
Ele trebuind să dea
Că așa spune regina!

Zboară-n câmpuri, zboară-n șes
Și pe dealuri, n-au de ales.
Toată floarea-o vizitează,
Și nectarul colectează.

Vine și la levănțică
Cea albastră, subțirică
Bunătate să culeagă,
Că doar e pusă pe treabă!

Zboară și după căpiță,
Colo-n lanul de rapiță.
Știm cu toții, e averea,
Și ce fină este mierea!

Fuge-apoi la copăcei.
Îi plac toți, însă pe tei,
Îl admiră să priceapă
Și mult tare îl înțeapă!

E-o minune, strig și eu
Dar știu că-i de la Dumnezeu,
Ca o făptură atât de mică,
Cu căpușor de mărgică,

Cu un șorț galben, cu negru
Și un caracter integru
Fără aură sau nimb,
Mierea să ne-o dea la schimb!

Însă aș vrea să vă zic,
S-aveți grijă, mare, mic,
Când vedeți că ele zboară
Și pe voi vă înconjoară,

Puneți capu-n jos, ușor,
Nu strigați după-ajutor.
Luați un aer ștrengăresc,
Până când se plictisesc!

De aceea, eu vă spun
În loc de rămas bun,
Nu le loviți, nu le călcați
De miere vreți să mai mâncați!

Băiatul răsfățat

Dana și băiatul ei
Sunt vecinii de la trei.
Și din câte am aflat,
E puțin cam alintat.

Azi, ne-am întâlnit pe scară
Și mi-a smuls, fără să ceară,
Buchetul de flori cumpărat
Ce mâine-l aveam de dat.

Apoi a fugit râzând
Și s-a ascuns cu un gând
Să mă sperie de poate,
Sau să îmi sară în spate.

Mama lui când a văzut,
Mâinile și-a petrecut peste cap
Și-a întrebat, în glas cu amar:
Oare ăsta e coșmar?

Dragul meu, nu e frumos
Ce-ai făcut, e scandalos.
Și te rog mult, cu răbdare,
Doamnei să îi ceri iertare!

Tot astăzi am aflat
Că la grădi a mușcat
O fetiță de obraz,
Care-a plâns cu mult necaz.

Nu-i frumos, Luca, să știi,
Copiii nu sunt jucării.
Dar dacă s-ar inversa
Și-ar fi vorba de falca ta?

Trebuie scuze să prezinți,
Pe fetiță s-o alinți
Că ai supărat-o bine,
Nu vrea să știe de tine.

Tot la grădi a țipat
La Vlăduț când a luat
Mașina roșie de pompieri,
Achiziționată ieri.

Nu se procedează aşa,
Strigă tare, Nadia!
Câte lucruri ne dorim,
Noi, pe toate le-mpărţim!

Am înţeles că şi-acasă
Jucăriile le lasă,
Le desface şi le strică
Fără însă nicio frică

Că rămâne fără ele...
Că doar are cui cere.
Numai ce deschide gura,
Şi crede că mai vine una!

Tocmai a sărit o minge
Şi cu grijă-ncep a strânge
Cioburile ce-au sărit
În geamul cel nimerit.

Şi la masă mofturi face.
Asta da, asta nu-mi place.
Nu vreau spanac sau măr copt,
Ci doar sucuri multe şi tort!

Și nici supă cu crutoane!
Mai bine mănânc bomboane.
Nu vreau nici paste cu sos,
Că nu au niciun folos!

Mama lui s-a supărat,
Și o lecție i-a dat.
Umplând saci cu jucării,
Dăruind altor copii.

A rămas camera goală...
Nici măcar un urs, de-o seară.
Nicio carte cu povești...
Oare-așa, cum să trăiești?

A mers și la frigider,
Lăsând totul auster!
Și-a luat mâncarea bună,
Fără să lase o prună!

Seara vine cu o stea,
Și vreau să mănânc ceva.
Foamea crește-ncet în mine,
Și eu mă fac de rușine.

Dar la mami am salvare!
Fug și îmi cer iertare
C-am fost obraznic, zău
Și sincer, îmi pare rău!

Mama mă iubește mult.
Și eu știu și o să-ascult,
Bucuria ei să crească,
Cu mine să se mândrească!

Luați aminte, copii dragi,
Singuri sau cu mulți frați.
Să fiți darnici, să iubiți,
Că sigur veți fi doriți!

Soarele

Astrul zilei mult dorit
Dintre nori a răsărit
Și ne caută-n surdină,
Să ne umple de lumină.

Eu în pat încă-aș mai sta
Aș lenevi, aș dormita,
M-aș întinde-ncet la soare
Și aș cere de mâncare.

Însă soarele insistă
Sus pe cer și se tot mișcă.
Oare ce face, valsează?
Că în ochi îmi bagă-o rază.

În sfârșit am înțeles
Că nu-i chip și n-am de-ales
Ca el să lucească pre sat,
Iar eu să mai stau în pat!

- Bine, bine, ies afară,
Aerul mă înconjoară
Văd și carul tras de boi
Și devin deodat` vioi!

Însă-n curte, gălăgie.
Rațele, care-mi plac mie,
Au plecat încolonate,
Că e soare, să se scalde!

Iar găinile-n coteț
Și cu un cocoș isteț
Strigă toți în gura mare:
Hai să ne-ncălzim la soare!

Uite, iese-o râmă mică,
După soare se ridică.
Și doar știți că sânge are,
Dar e rece la picioare!

Ziua-ncepe încetișor
Pe litoral și pe-ogor.
Unii ies să se bronzeze,
Alții să însămânțeze.

Cu lumina ce-o degajă
Stă ca un ostaș, de strajă.
Iar cu căldura ce-emană,
Ne asigură și hrană.

Face să se coacă grâne,
Lanuri mari, surse de pâine.
Pune cartofii-n pivnițe,
Și merele în lădițe.

Coace bine strugurașul
Pentru vin, și iepurașul
Caută mereu, din bot
Morcov tânăr, bine copt!

El usucă și pământul
De la multe ploi, și vântul
Îl înmoaie, îl ogoaie
- Oare avem soare cu ploaie?

Iar când soarele-i fierbinte,
Mama ne-aduce aminte
Că trebuie să ne dăm iară
Cu protecție solară!

E frumos când asfințește
Parcă cerul înroșește.
E superb la răsărit,
Vino, soare, mult dorit!

Soare avem și-n timp de iarnă
Cu norii ce stau să cearnă.
Este însă mai timid,
Mai retras și mai livid!

Soarele te binedispune
De stai acasă, ieși în lume.
Una-i ziua însorită,
Alta-i ziua mohorâtă.

Așadar, cu mic cu mare,
Să ne bucurăm de soare!
Că după ce el dispare,
Mergem cu toți la culcare!

Luna

Una este sus pe cer,
E-nvăluită-n mister.
Este mică, dar tot crește,
Siigur, lună se numește.

Este astrul nopții care,
Când apare, fiecare
Termină, zorește-aleargă,
Ca apoi, la somn să meargă.

Ea e trează, nici n-adoarme
Zici că face plantoane
Pentru cei ce o doresc,
Pentru globul pământesc!

Sub lumina lunii clare
Poți chiar face o plimbare.
Poți ieși sigur la poartă,
Că ea drumul îți arată.

E frumoasă, e rotundă
Că nu are ce s-ascundă.
Ode la instrumentiști,
Inspirație la artiști!

El, un prieten a pierdut...
Daaa, e sigur, glas de lup.
A ieșit discret din turmă,
Și e trist, la lună urlă.

Cu marea se joacă-n zi.
O coboară, vrei să știi?
Crește, scade și iar crește
Și maree se numește.

O lumină de la far
Bătea-n lacul de cleștar,
Și-am trimis-o la culcare,
C-avem lumină mai mare!

E superb noaptea când,
În liniștea unui gând
Pe lumina de pe apă
Vezi un pescar ce se-apleacă,

Năvodul să-l scoată din apă.
Că luna l-a ajutat
Și acum, pe-acest bărbat,
Pește mult s-aibă de dat!

Luna este asortată
De luceafăr, câteodată.
Cu sclipire mare trece,
Însă luna nu întrece!

Au venit și stelele!
Sute, mii, puzderie.
Aștrii mici, lucioși, de seară,
Și pe șefă o-nconjoară!

Ea domină în tăcere.
Știe că are avere
Constelații, clopoței,
Cerul este doar al ei!

Iarna, când e lună plină
Mai apare-o gospodină
Să se bucure-n decor,
Că i-a fost nespus de dor!

Și tot iarna-n văgăună,
Noaptea, că e clar de lună,
Iepuroaica tânără
Morcovii îi numără.

Și cin` are curaj să iasă
Din scorbură sau din casă,
Să știe că-i răsplătit
De-astrul nopții, gratuit!

Iar târziu, așa cum știi,
Când se crapă-ncet, de zi,
Atunci când soarele mijește,
Luna, parcă, o tulește

La culcare... e știut.
Că ea noaptea a pierdut.
A luminat, a vegheat
Și poate, a consiliat!

Zilele săptămânii

În prima zi a săptămânii
Vin în valuri mari creștinii
La biserici, să se roage,
Pentru sănătate, pace.

E duminica cea sfântă!
Sufletele ni le-ncântă.
Ne rugăm, mâncăm, vorbim,
Apoi, toți ne odihnim!

Prima zi din săptămână
Aș vrea mult să mai rămână.
Că ne-ncarcă, ne-odihnește
Pentru-a duce tot ce este!

Dimineața ne trezim,
Ziua de luni s-o primim.
Facem planuri, ne gândim
Săptămâna s-o`mplinim!

Fug, alerg, ridic, ascult.
Nu mai pot, e chiar prea mult.
Hai să lăsăm, orice-ar fi,
Pentru următoarea zi!

Marți e ziua lucrătoare
Ce se uită după soare!
Continuăm să învățăm
Multe lucruri să aflăm!

E ușor, suntem feriți
Și nu suntem obosiți.
Și-avem energie-ntr-una,
Pentru toată săptămâna!

Miercurea e zi de post.
Nu mai spun, că n-are rost.
Ce nu facem, ce mâncăm,
Că pe părinți ascultăm!

S-avem inima deschisă
Pentru cei cu palma-ntinsă.
Sunt mulți copii-n nevoi,
Hai să-i ajutăm și noi!

Vine și joi cea grăbită,
Parcă un pic obosită.
Săptămâna-i la jumate,
Ceva oboseală-n spate!

Vinerea e iar cu post,
Pentru domnul Iisus Hristos!
Că pe cruce a fost pus,
Și mântuire-a adus!

Să fim mai smeriți, mai buni,
Pentru-a deveni imuni
La păcate, la minciuni,
Spre binele acestei lumi!

În sfârșit, e sâmbătă!
Ziua cea liberă!
Alergăm, zburdăm, chiulim,
Haide să ne veselim!

Să facem și ascultare
De părinți, că ziua-i mare!
Să spălăm vase,căni și linguri,
Praful să ni-l ștergem singuri!

Iar odihna-i omenească.
Îngerii să ne păzească,
Să ne trezim cu inimă bună
Pentru încă-o săptămână!

Și uite-așa, în mod ciudat,
Săptămâna a zburat.
Zeci și sute, în confort,
S-adăugăm lumânări în tort!

Organele și șefia

Eu sunt șeful cel mai mare!
Strigă creierul, cam tare.
Eu gândesc, socot, creez,
Întreg corp coordonez!

Eu transmit informații, știi
Mai rapid ca SRI,
Iar organele-ascultă,
Și comanda execută!

Se cuvine, prin urmare,
Să mai facem-o adunare.
Și v-o spun verde, în față,
Să m-alegeți șef pe viață!

Ai dreptate, frățioare!
Se-auzi o voce, tare.
Însă și ce zic îi drept,
Spune inima din piept!

Eu sunt motorașul care
Duce corpul în spinare.
Sunt mică, dar le fac față,
Și-am bătăi pentru o viață!

Așadar, vă rog gândiți,
Că trebuie să iscăliți
Un proces-verbal redus
Prin care șefă m-ați pus!

Bine, bine, asta știm.
E-adevărat, nu clevetim.
Respirați făr` noi, vecinii?
Întrebară-n cor plămânii.

Inspirăm și expirăm
Oxigen în corp băgăm.
Iar ce-i rău afară dăm,
Organismul ajutăm.

Și-avem alveole-o mie,
Numai bune de șefie!
Deci, rugăm, analizați
Și șefi să ne instalați!

Chiar de am formă ca sacul,
Spuse timid și stomacul,
Bucate bune primesc,
Întreg organismul hrănesc!

Eu ofer și energie
Pentru o activitate vie
A organelor interne,
Precum și a celor externe!

Deci, vă spun și voi vedeți,
De mâncare vreți s-aveți,
Eu un singur lucru știu,
Că șef trebuie să fiu!

Au sărit și ochii-n sus:
- Fără noi, corpul e dus,
E greoi, fără-orientare,
Să mai zicem multe, oare?

Iar urechile în cor
Strigă tare "Ajutor!"
Trebuie să ne prețuiți,
Numai cu noi auziți!

Și năsucul, jucăușul,
Ce se-nroșește ca plușul:
- Pentru ca să nu greșiți,
Doar cu mine mirosiți!

Iar gurița, bat-o vina
De multe ori cu pricina,
Spune vrute și nevrute
Pe organism să ajute!

S-au înscris și membrele,
Mâinile, picioarele.
Și chiar limba ascuțită
Toți, ca parte-ndreptățită.

Este greu și nu e drept
Ca să faci un clasament.
Tot organu-are valoare,
Că-i de la Creația Mare!

Sănătatea-i tot la ele,
Să o cerem cu putere!
Toate organele să știe,
Să trăiască-n armonie!

Banca

Banca cea roasă din parc
Ce toți o ocolesc cu tact,
Este veche, roasă tare
Dar are valoare mare!

Are povești cu eroi,
Cu oameni simpli, ca noi.
Ca număr? Nici nu mai știe
Foarte multe, peste o mie!

Chiar mirat te uiți la bancă
Și te întrebi, zâmbind parcă
Cum poate lemn să vorbească,
Istorii să povestească.

Ieri, m-am așezat pe bancă
Și i-am auzit glasul, parcă.
M-a-ntrebat de vreau s-ascult,
Ceea ce ține de mult.

Fie soare, fie plouă
Toată lumea o ignoră.
Iar eu, că m-am așezat
Un dar să primesc, îndat!

Mi-a spus apoi de-un cuplu tânăr
Ce mergea umăr lângă umăr
Ei pe bancă se-așezau,
Și în ochi duios priveau!

Erau frumoși și se iubeau
Cu cuvinte se-alintau.
Priveau față către față,
Iar fata-i stătea în brațe!

După ei, venea un domn,
Înalt, drept, fără baston.
El pe bancă se-așeza,
Scotea ziarul și citea.

Era foarte concentrat
Și n-avea nimic de dat
Celor mai săraci ca el,
Fără bani în portofel.

Apoi apărea o doamnă,
Îmbrăcată ca de toamnă.
Cred că veșnic-îi era frig,
Și mânca câte-un covrig!

Cădeau firmituri pe jos,
Însă erau de folos
Păsărilor subnutrite
Ce se năpusteau, avide!

O mamă cu fiul ei
Se-așezau la felul trei.
Erau foarte bucuroși
Și mâncau multe gogoși.

Tot pe această bancă
Stătea o familie... parcă
El mai sănătos ca ea,
De aceea-o sprijinea.

Se uitau în jos și-n sus
Ca să vadă că s-a dus
Vara, cu a ei căldură
Să mai iasă în natură!

S-au pus, îmbrăcate-n rochiță,
Opt fete de grădiniță.
Ce râdeau și se-aliniau
Chicotind, dar nu cădeau!

După ce s-au odihnit,
De pe bancă au sărit
Și-au strigat în gura mare,
- Hai la doamna-educatoare!

Telefonul-a țârâit
Și eu iute m-am trezit.
Vai, am adormit pe bancă...
Cine m-o fi văzut, dragă?

Oare cât oi fi dormit?
Mult, dacă am auzit
Atâtea povești reale,
Demne de picturi-muzeale!

Mă ridic rapid și plec
Să verific nici nu-ncerc
Ce este și ce-am atras,
Cât puiul de somn l-am tras!

Multe vede-o bancă-n parc.
Chiar nu pot să nu remarc!
Însă tot ce-aude, știe,
Ține-n ea pentru vecie!

Melcul fericit

Astăzi, eu am întâlnit
Un melc tare fericit.
Stătea întins la soare
Și-avea casa în spinare.

- Ce-i cu atâta fericire?
De unde atâta trăire?
Nu fii egoist și spune,
Să se bucure o lume!

Dar melcul nu m-a privit,
Din ochișori n-a clipit.
Doar glăsciorul și l-a dres
Și a zis făr` interes:

Eu sunt cel mai fericit!
Nici astăzi nu am muncit.
Nici ieri, nici alaltăieri,
Vorbesc doar de refugieri.

În grădină, în livadă
Ori la casa de pe stradă.
Sau la umbră-n iarba mare,
Făr` să bată-un pic de soare!

Eu am toate la-ndemână
Am mâncare din natură,
N-am nevoie de-aragaz,
Și-am specialități din praz!

Nu cultiv nicio legumă,
Însă tot melcul consumă
O păstaie, un spanac,
Grădinii-i venim de hac!

Oo... când se coc tomatele,
Îți vine să cari cu spatele!
Că sunt bune, dulci și moi,
Și-aș mânca mult, până joi!

Să merg și pe la fasole
Dar mă urc pe console
Că astea se duc în sus,
Și sunt mai greu de-ajuns!

Iar când se lungesc dovleceii,
Suntem rivali cu purceii!
Intrăm în grădină cu toții,
De zici că-s vardiștii și hoții!

Și trec apoi la desert.
Dar vreau totul crud, nu fiert!
Că vreau calciu și vitamine
Cochilia să sune bine!

Și de găsesc un fruct copt,
Eu, antenele, bine le scot
Ca să detectez dulceața
Nu acru, să-mi pice fața!

Ciocănesc într-o cireașă,
Gust căpșun cu pulpa deasă,
Mă întind la zmeură
Care ramu-și tremură.

Fac efort și mă aburc,
Ca în copac să mă urc,
Ca să gust și eu un măr,
Că de nu, iar mă supăr!

Aș mânca și-o prună coaptă,
Asta o zic așa, în șoaptă,
Că de strig tare, pe-aici,
Stârnesc roiul de furnici!

Uite-așa, eu nu muncesc,
Am de toate, lenevesc!
Îmi fac siesta în plin soare,
Și mă-ntind doar prin răzoare!

Iar când plouă sau e frig,
Intru și mă fac covrig
În căsuța mea din spate
Ce mă-nsoțește-n toate!

Și o spun cu îngâmfare
Un` să fac eu curat, oare?
Că e strâmtă casa mea,
Numai eu am loc în ea.

Nimeni nu este ca mine!
Numai mie-mi merge bine!
Cu vocea fină grăiesc,
100 de ani să trăiesc!

Dintr-odat` s-a auzit
Un orac mai prelungit,
Aerul l-a străbătut,
Și melcul a dispărut!

Vai, săracul de el melc...
Nu mai este codobelc.
L-a înghițit rapid o broască
Fără ca să recunoască!

Uite-așa, fără efort,
Melcul cel cu mult confort,
A pierdut tot ce-a avut,
Și-a plecat fără salut!

Frățiorul meu

Mami a adus pe lume
Un frățior, fără de glume
E al nostru, și-o să crească,
Sigur, în familia noastră.

A venit de la spital
Cu 3 kilograme, doar
Mic, roșu și-ngrămădit,
La asta nu m-am gândit!

Stătea cu ochișorii-nchiși
Într-un costum gri-deschis,
Ținându-și sub cap o mână,
În scoica de la mașină.

Îl priveam foarte mirată,
Dintr-o dată, amuzată.
Și m-am aplecat, că vreau
Ca în brațe să îl iau!

Mama însă m-a oprit.
Mi-a zis că nu-i nimerit
Să-l țin în brațe, duios,
Fiindcă-l pot scăpa pe jos.

M-am retras, cu buza-n jos...
Ia să plâng, să am folos!
Și-am început un concert,
Să arăt ce pot, concret!

Frățiorul s-a speriat
Și a început, îndat`
Alt concert de zile mari,
Să arătăm că suntem tari!

Tati a venit, cu pace,
Să vadă ce poate face.
El pe dat` m-a alintat,
Și în brațe m-a luat.

Trebuie să recunosc
Că un pic, egoistă-am fost!
Și sincer, nu îmi păsa
De vecina ce-auzea!

Stau și mă gândesc bine,
Situația-i nouă pentru mine.
Nu vreau să gândesc-napoi,
Dar cred că sunt pe locul doi!

Mogâldeața asta mică
Cu glăscior de turturică
A adus, odat` cu el,
Multe reguli, fel de fel.

Ba să fac liniște că doarme,
Ba să nu zdrăngăn castroane...
Doamne, cu ce am greșit
Că așa m-au pedepsit?

Și istoria continuă...
Noaptea când e lună plină
Mă trezesc că țipă tare
De mă ridic în picioare!

Reguli sunt și la mâncare!
Și mi se face poftă mare
Când el, sânul a ochit
Și lăptic a înghițit!

Iar la baie-i de bon-ton!
Deși fac spume din șampon,
Sunt totuși supravegheată
Numai de-un părinte, iată!

Iar TV-ul dă la start
Numai clasice și Mozart.
Că-nainte mai era
Câte un desen, colea!

Însă seara-i bucurie
Așa cum îmi place mie!
Ne-adunăm toți, împreună
Ca să ne ținem de mână.

Ne-alintăm, glumim, vorbim,
De peste zi, tot povestim,
Și ne iubim toți, la fel
Ca-ntr-o familie model!

Iar părinții mi-au spus
Că mă iubesc nespus.
Nu cumva să-nțeleg altceva,
Că nu-i așa!

Amândoi suntem iubiți,
În același fel, doriți.
Suntem totul pentru ei,
Pe-același loc, cu mult temei!

El este un pic mai mic
Și îi trebuie mult somnic.
Și atenție, un pic mai multă
Ca pe mine să m-ajungă!

În sfârșit, am înțeles
Cum stă treaba, mai ales
Că pe Tudor de-l iubesc,
Este bine, mă-mplinesc!

Trenul

U, u, u, se-aude tare
O sirenă-n depărtare.
Ca un morse care vrea
Să ne transmită ceva.

Nu e prima dată când
Urechile tre` să le-ascund
Că urlă dintr-o dat` și drept,
De-ți sare inima din piept.

Iar de te uiți în zare,
Nu vezi nicio arătare...
Vezi ceva ca o nălucă,
Ba-i acolo, ba-i pe ducă.

Și am întrebat prin sat
Ce se-ntâmplă, că-i ciudat
Fără ca să ai habar,
Te trezești că iar tresari!

Veta, de la farmacie
Spune simplu că nu știe,
Iar nea Ghiță din parcare,
- Ce să fie? Un șarpe mare!

Cum un șarpe? Nu se poate!
Cred că nu are dreptate.
Sau își bate joc de mine,
Ca apoi să râdă bine.

- Măi, nea Ghiță, stai așa
Că vreau să te-ntreb ceva:
Mă amuzi, mă păcălești,
Năluca, șarpe numești?

Da, copile-un șarpe mare
Ce-a pornit-o la plimbare.
Mare, lung și din fier este
Și să știi, tren se numește!

A, să te întreb acum...
Trenu-i mare, e pe drum?
Sau se-ascunde în pădure
Că nu poate să îndure

Luminile de pe stradă.
Nu vrea ca lumea să-l vadă?
Eu aș zice că e laș
De nu intră în oraș.

Și nea Ghiță mi-a tot spus
Despre tren, în jos și-n sus
Cum fuge pe șine, iute
Și pe traseuri știute.

Unul e trenul rapid
Circulă ca un bolid.
Și chiar cu multe maniere,
Tot mai are-ntârziere!

Altul e acceleratul,
Partener cu șuieratul!
Cu viteză ce tot crește,
Și-n puține gări oprește.

Iară trenul de persoane
Transportă multe cucoane,
Și-are o viteză mică,
Toate gările indică!

Dar există și marfare
Ce transportă cu-îngâmfare
Materiale prețioase,
Pentru oameni, pentru case.

Duc lemne, azbociment,
Cară mulți saci cu ciment,
Multe jucării, cereale,
Ca să aibă fiecare.

Mai transportă carburanți,
Var, sticlă și coloranți,
Pânză, cânepă, satin,
Că transportul e mai ieftin.

Sunt trenurile cu cușetă
Pentru cei ce fac navetă,
Ce-s obosiți, și fără larmă,
Cam așa ar vrea să doarmă.

Sunt formate din vagoane
Lungi, ca niște macaroane,
Cu ferestre multe, uși
Și cu fotolii de pluș.

Iar atunci când țipă tare,
Anunță pe fiecare
Că urmează să sosească,
Tot omul să se ferească!

N-ai ce să îi stai în față
Că te spulberă pe viață!
Trebuie să fii atent,
Că doar ești inteligent!

De atunci sunt foarte-atent
Și-n gară intru prezent
Cu toate simțurile mele,
Ca să mă feresc de rele!

Mama

Mama este numai una!
Eu o știu și-o spun întruna.
Nu poate nimeni a spune
Că este altfel în lume!

Fie că-i europeană,
Ecuatorială sau asioamericană,
Categoric, vă comunic,
Sufletul de mamă-i unic!

Mai întâi, te poartă-n pântec
Și te dezmiardă cu cântec,
Te așteaptă fericită,
Ca să fie împlinită!

Și apoi începe greul...
Chiar de trece apogeul,
Mama-i mamă pân` la moarte
Al ei suflet nu-l desparte!

Are nopți nedormite,
Biberoane folosite
Tone, munți de scutece
Pentru cele... lăuntrice.

Se trezește-n miez de noapte
Și dă puiului să pape.
Scutec uscat și mult sân,
Uite-așa, un mic stăpân!

Se-ngrijește de confort.
Tremură și făr`efort
Ne ia-n brațe, nu mănâncă
Atunci când termometrul urcă.

Îi râde inima- n soare
Atunci când la prima mâncare
Puiul înghite și plescăiește,
Chiar de peste tot murdărește!

Vin grădinița și școală,
Grijile o înconjoară!
Să facă totul cu bine,
Planifică ziua de mâine.

Merge și la servici.
Lucește ca un licurici,
Radiază, strălucește,
Când pe mine mă-ntâlnește!

Gătește, calcă și-aspiră.
De multe ori, abia respiră.
Face și teme cu mine
Că vrea să învăț bine!

Vine cu plase... o sută
Gâfâie, devine mută.
Piața-i deja bifată,
De parcă ar face armată!

Duminica mergem cu toții
La slujbă, copiii și soții.
Păcatul să-l depășim
Și să ne împărtășim.

Petrecem cu toți, împreună
O zi de duminică, bună.
Iar mama ne face clătite
Pentru noi, chiar învârtite!

E prietena mea cea mai bună!
Mi-am dat seama de-o lună,
Când boacănă mare-am făcut,
Iar mama, discret, a tăcut!

Seara, însă, la culcare
Este ultima ființă care,
Târziu, de tot, se bagă-n pat
După ce treaba a terminat.

Și cu vecina de la doi
S-a întâlnit, ducând gunoi
Spunând politicos că n-are timp,
Când dânsa a-ntrebat-o de-anotimp!

Cămara este plină de borcane.
Când face? Atunci când nu doarme.
Avem bunătăți aliniate,
Pentru un an și jumate!

Mama-i totul pentru mine!
În brațele ei sunt bine.
Mamă de n-ar exista,
Toată lumea-n loc ar sta!

S-o apreciem cu toții!
Și copiii, dar și soții!
Este doamna, este buna,
Mama este numai una!

Aniversare

Nepoțica mea iubită
Este foarte fericită!
Știi de ce? Îți spun de vrei,
Astăzi este ziua ei!

S-a trezit, s-a îmbrăcat
În oglindă s-aranjat.
Obrăjori cu umflături
De la-atâtea pupături!

De la mamă, de la tată
De la fratele mic, iată!
Au îmbrățișat-o strâns
Abținându-se din plâns.

De bucurie, firește!
Văzând fetița cum crește.
Văzând progrese făcute,
Se-apucă din nou s-o sărute!

- Gata, ajunge acum
Trebuie să plec la drum!
Eu la grădi vreau să merg,
Cu colegii să petrec!

După ora-educativă
Vine masa cea festivă!
Fiecare la-al său loc
Pentru a primi tort!

Zum Geburstadt viel gluck!
Toți copiii sar buluc!
Cu pronunție pe sprânceană,
Că-s la grupa de germană!

Tortu-i bun, făcut atent
Tata a fost insistent!
Că atunci când a aflat,
Raw-vegan a comandat!

O felicită și Dana
Care îi oferă banana
Ce a uitat-o pe masă
La gustarea cea aleasă!

Iar Nadia, stând în față
O ia pe Alexandra-n brațe.
Și o strânge cu putere
C-o iubește în tăcere!

O felicită și-Alina
Hărnicuța, gospodina
Ce e tot timpul în priză,
Și de copii are grijă!

A fost o zi minunată
La grădinița Elf și iată,
Acasă urmează să plece,
Ce bine! Cu familia petrece!

Acasă, surpriză-uriașă!
Stăteau cu toții la masă!
Bunici, nași, verișori,
Toți veniți din depărtări!

Și-acum, haide la cadouri!
Că doar n-a primi tablouri.
Că-i micuță, și-i fetiță,
Și vrea păpușă, rochiță!

A primit un puzzle mic,
Însă foarte încâlcit.
Și apoi, unul mai mare,
Cred că-aici, taine nu are!

Bine-i stă și rochia
Ce-a adus-o bunica!
Dar și pantalonii gri,
Ce-s acum la modă, știi?

Mai are-un compleu cu șort
Pentru orele de sport.
Și-încă o bluză pentru fete,
Galbenă și cu paiete.

Încă mai sunt daruri multe,
Într-un colț, nedesfăcute.
Dar iubita-a obosit
Și un pic ea a ieșit...

Și-am găsit-o adormită
Pe un pat, dar fericită!
Cu păpușa ei cea nouă
Îmbrățișate-amândouă!

115

Este micuță și dulce
Și-mi vine în brațe a-o strânge!
Căci iubita ce-a adormit,
Doar 3 ani a împlinit!

Finul meu

Victoraș e finul meu
Dăruit de Dumnezeu.
Noi l-am botezat cu drag,
Să crească, precum un fag!

Pe părinții săi cunosc,
Colegi de școală am fost.
Și-apoi am rămas amici,
Până am ajuns aici!

A venit pe lume-ușor
Vara, într-o zi de cuptor.
Este-un băiețel frumos,
Înalt, drept și sănătos!

Era tare scump, cândva,
Când de-a bușilea mergea
Eu îl chemăm la noi,
Însă el mergea-napoi!

De atunci a mai crescut,
Însă-un pic, nu foarte mult.
Și acum fuge de zor,
Că doar nu are contor!

Astăzi, mult a mai fugit.
A căzut și s-a lovit
Și a început să plângă,
Mânuțele să le frângă!

Apoi la mama-a alergat
Și în brațe l-a luat.
Cât e el de domnișor,
Tot la mami-i binișor!

El cu mama stă acasă
Ce dimineața îl lasă
Ca să doarmă cât dorește,
Să vadă băiatul cum crește!

Că la grădi, mai încolo
Deși a trecut pe-acolo
Și-a văzut copii pe afară
Ce-i zâmbeau șăgalnic, iară.

Va veni, cu siguranță
Ca să aibă și vacanță!
Să ia cele folositoare,
De la doamna educatoare!

Astăzi, l-am văzut în parc,
Cu-a lui mamă, lângă brad.
Și am început să-l strig,
Însă fără de câștig.

Era tare concentrat
Pe moșul ce-avea de dat
Jucării multe din sac,
Că e prea mic un rucsac.

Avea emoții, tremura
Că de moș se-apropia,
Și a râs fericit,
Când cadoul a primit!

Apoi s-au așezat pe bancă,
Cadoul să îl desfacă.
Și-a primit fix ce-și dorea,
A primit o macara!

M-a văzut, m-a`mbrățișat,
Și de mână m-a luat,
Arătându-mi fericit
Cadoul ce a primit!

- Victoraș, copil vioi,
Trebuie să vii și la noi!
Că moșul cel bun a aflat
Că ești cuminte și-a lăsat

O sacoșă mare, gri
Cred, cu multe jucării
Și m-a rugat să le primești,
Nu știe unde locuiești!

De mânuță mi-am luat
Finuțul și am plecat,
Să primească-ale lui comori,
Că așa-i de sărbători!

Ceapa și prazul

Într-o zi, o ceapă mică,
Verde și subțirică
L-a întrebat pe praz
De știe de-al ei necaz.

- Ce necaz să ai tu, oare?
Că ești mică ca o floare,
Frumușică, delicată,
Și chiar mai parfumată!

- Tocmai ăsta e necazul!
Zice ceapa, măsurând prazul.
Că de când eu stau în aer,
Cred că sunt pe post de fraier.

Am foarte mulți dușmani care
Mă mănâncă, mă-ncovoaie.
Iar eu, cu tot ce-am avut,
Rău la nimeni n-am făcut!

Vin tripşii şi mă înţeapă...
Viroza o dau la ceapă.
Îmi sug seva, mă ofilesc,
Ceapă nu mă mai numesc!

Apare şi păianjenul...
Da, acela, galbenul
De m-atinge, ameţesc,
Nu mă dezvolt, putrezesc!

Iară păduchele verde,
Ce de departe mă vede,
Îmi atacă frunzele,
Tulpina, gândurile...

Hopa şi gândacul roşu
Vine-ncetişor, ca moşul...
Cu două generaţii-n an,
Flori şi frunze nu mai am!

Mai este şi-o gărgăriţă,
În tuneluri specialistă.
Ea în frunza mea pătrunde,
Şi o ofileşte-n runde.

N-am scăpat însă de muscă
Ce-ale sale ouă, uscă.
Care-s multe, milioane,
Mâncând doar cotiledoane!

Vezi că degeaba am parfum...
Nu-mi este de folos, oricum.
La mine nu-i ca la cei dragi
Că dai un puf ca să atragi!

Din contră, am crezut că pot
Parfumul să fie antidot.
Însă, cu el, nu fugăresc,
Se pare că mai mult primesc.

De aceea, te admir!
Ești băţos, deși ești fir.
Ca tine-aș fi și eu,
Însă nu am mult tupeu.

Nu am rădăcină-ntinsă,
Genealogia-i strânsă.
Nu am frați, rude de soi
Și la furtună mă-ndoi!

Ești puternic și înalt
Și poți să iei cu asalt
Toate relele ce vin,
Fără să suferi din plin.

N-ai ce face, soro dragă!
Luptă tare, o să treacă
Că de n-ar fi stimulii,
Mult prea tare-am huzuri!

Te mai rog, nu te văita,
Și lasă statura mea
Că așa am fost creat,
Nimic n-am adăugat!

Ne-apărăm precum putem,
Le dăm lacrimi, vrem, nu vrem,
Și îi ținem mult în soare,
Cum stăm noi-n amiaza mare.

Însă ceapa n-a zărit
Gospodina ce-a sosit,
Care-a smuls cepșoara toată,
S-o transforme în salată!

Morala e de la sine...
Tre` să ducem tot ce vine!
Fără cârteli sau voci tari,
Că vin altele mai mari!

Râma și șarpele

O râmă cam mititică,
Inelată, subțirică
A ieșit de prin răzoare
Și se încălzea la soare.

Dintr-odată, negru-apare.
- Ce să fie, o arătare?
Că parcă nu-i nor de ploaie
Ca să mă facă vioaie.

Deschide mai bine ochii,
Parcă vede multe rochii,
Cu pete, cu clopoței
Oare să zică: Hăi, hăi?

Vai, ce sperietură-am tras!
Am crezut că-i un uriaș
Sau un monstru cu un cap,
Ce vrea să-mi vină de hac.

Te salut, iubite vere!
Ești înalt și ai putere!
Faci salturi în iarba deasă,
Tu ești șarpele de casă!

Din aceleași rădăcini plecăm,
Aceeași străbunici avem.
Deci, de gât nu mă poți strânge
Că ești ruda mea de sânge!

Vrei să mă intimidezi?
Sau doar să mă enervezi...
Sunt eu mică, mai fragilă,
Însă sunt mult mai utilă!

Și-a început râma să spună
Câte-n stele și în lună...
Importanța ei majoră,
Și pentru cei ce-o ignoră!

Sunt bună-n agricultură,
Și ar solul pe măsură.
Cu pași mici înaintez,
Însă bine-l afânez!

Cursul apei-influențez
Fiindcă trasee creez
În pământ și de lumină,
Pentru o recoltă bună!

Și atunci când noi murim,
Tot în pământ putrezim.
Și eliberăm azot,
Pentru sol, bunuț de tot!

La fertilizare-ajută
Să fie recoltă multă.
Să se facă multe grâne,
Pentru ziua de mâine.

Și fac și-o aerisire mare
Prin tot felul de culoare,
Băgând mult aer curat
În pământ intoxicat!

Am valoare, recunoaște!
Multă lume mă cunoaște
Nu sunt dezirabilă,
Însă, acceptabilă!

Însă tu? Cu-așa statură,
Sperii lumea-n bătătură!
De copii? Nici nu mai spun.
Trebuie să fii mai bun!

Și ce ți-a făcut broscuța
De o mănânci, săracuța!
Sau pe bietul șoricel...
Chiar nu ți-e milă de el?

Mai înghiți și rozătoare,
Fiecare cu valoare.
Hrana cum ți-o pregătești?
De ce nu vrei să muncești?

Iar când e cald te arunci
În apele reci și adânci
Și-noti cu cap ridicat,
De sperii tot ce intră-n sat!

Și iar, un nor negru, mai mic
Ce cade de data asta oblic,
Fulgerător atinge pământul,
Apoi, se ridică ca vântul!

Cra, cra, cântă fericită
Neagra cioară, ghiftuită.
Ea din zboru-i a ochit
Mica râmă, și-a nimerit.

Șarpelui îi pare rău...
Însă ce să facă, zău!
L-a certat, apostrofat,
Dintr-o dată a plecat.

Lauda de sine
Chiar nu face bine!
Hai să lăsăm faptele,
Ele să ne laude!

Croazieră

În vacanță când am fost,
Mi-am făcut și un mic moft!
Că de mult am tot vrut,
Pe un vapor să mă urc!

Ce frumusețe, ce splendoare!
Cum să mă comport eu, oare?
Spații largi, imense, lungi
- Să-alergăm, Tudor, m-ajungi?

- Nu e voie de-alergat,
Sunt reguli de respectat!
Cu părinții tăi să stai,
Că ești mică, și-apoi, vai...

Cred că era căpitanul
Ce se plimbă ca baștanul.
Supraveghează totul pe ape,
Ca nimic să nu îi scape!

Un "U" lung și a pornit
Vaporul... nu e grăbit.
Încet, lin, înaintează
Ce frumos... parcă valsează!

Taie apele în două,
Și când ninge și când plouă
Și văd că viteză prinde,
Valuri mari în jur cuprinde!

Și întreb cu cuviință
Pe cei ce au știință:
Cum așa o imensitate,
Să poată pluti pe ape?

De mal ne-am îndepărtat.
Cer și apă-n lung și-n lat.
Într-o liniște deplină,
Ce-i scăldată în lumină!

Pe vapor e lume multă,
Dar de căpitan ascultă
Că totul e cu program,
Să nu fie bairam!

Multe doamne stau la soare
În şezlonguri-atrăgătoare.
Altele stau lângă velă,
În mâini, cu câte-o umbrelă.

Cei mai mulţi, pe punte stau
Şi vorbesc, că se ştiau
Din port, de la îmbarcare,
De la rândul ăla mare!

Sunt viteji ce stau la pupa
Şi se uită-n sus cu lupa.
Am greşit, c-abia răsuflu,
Nu e lupa, e binoclu.

Suntem invitaţi la masă
Peşte bun, mâncare-aleasă.
Şi iar peşte în plachie,
Tocmai cum îmi place mie!

Eu sunt foarte interesată
Că nava-i propulsată
De elicea uriaşă
Care e şi cercetaşă!

Mai apar și pescăruși
Care nu sunt chiar dispuși
Să renunțe la pop-cornul
Pe care mi l-a servit domnul!

Dintr-odată apar delfini!
Sar, se joacă, nu-s străini.
Sunt așa frumoși c-aș vrea,
Să le pot arunca mingea!

- Vino, Tudor, unde ești?
Să vezi bancuri mari de pești
Cum înoată de rapid
Și dispar din ochi subit!

Cred că am adormit,
Și târziu, când m-am trezit,
Vaporul de deja acostase
Și cerul se-ntunecase.

Și am încheiat plimbarea.
Am văzut în larg și marea,
Fauna diversificată,
Că natura e bogată!

Umbrela

Negre, verzi, albastre, gri
De adulți sau de copii
Roșii, cu buline mici
Cu fundițe sau pitici

Medii, mici sau foarte mari,
Sunt utile și le cari
Ba-n mașină, ba în mână
Că de trage-o ploaie bună

Iar tu n-ai fost inspirat
Să vezi cerul înnorat,
Ori te ascunzi până ce trece,
Ori faci duș cu apă rece!

Hai, că nu e greu deloc!
Nu mai spun, nu facem troc.
Cred că ați ghicit deja,
Sigur, e doar umbrela!

Îi amuză pe copii,
Și-o doresc la jucării,
Iar fetițele cochete
O-asortează la poșete!

Umbreluța e rotundă,
Are fâșu-ntins, pe dungă.
El metalul arcuiește,
Ce spiță se numește!

Merg cu ea la grădiniță
Când plouă și-s în rochiță.
Merg cu ea și la plimbare,
Și-mi pun pelerina de ploaie.

O folosesc doamnele pe ploaie,
Coafura să n-o-nmoaie.
Și nici hainele să ude,
Un` să fugă atunci, la rude?

Nici domnii nu-s mai prejos,
Că umbrela-i de folos!
O iau și prin parc se plimbă
Chiar de-apoi pantofii-și schimbă!

Mai sunt și umbrele uriașe
Rotunde sau pătrățoase
Ce ne acoperă la terase,
Vara, când ieșim din case!

Ce bun este sucul la umbră!
Sau înghețata, ce vreau să-mi ajungă
O zi, de se poate, chiar două
Că-i cu ciocolată și ouă!

Bună-i și umbrela de soare
Ce aduce-un strop de răcoare
La plajă, pe nisipul fierbinte,
Când soarele aruncă cu ținte!

Nu vreau să mă bronzez tare,
Și-atunci mă ascund de soare
Sub umbreluța fixată de tata,
Că parcă fierbe nisipul, nu alta!

Și-uite așa, la munte sau mare
Că plouă sau că e soare,
Decât s-alerg ca o gazelă,
Mai bine-mi cumpăr umbrelă!

Autobuzul

De câteva zile-ncoace,
Circulă prin oraș, și-mi place
Ceva mare, nou și verde,
Sigur, toată lumea-l vede!

Seamănă cu-ale noastre, vechi,
Cu scaune din perechi,
Însă are mult confort,
Cred că este din import.

E silențios și fuge
În stații repede-ajunge
Și lumea-l așteaptă curioasă,
Că-i mașina prețioasă!

Ușile deschide lin
Și astfel se mențin
Până urcă lumea toată
Ce așteaptă, înghețată.

Înăuntru e căldură
Însă-i dată cu măsură.
Nu te sufoci, nu transpiri,
Și miroase-a trandafiri!

Ne poate da și răcoare
Vara, în amiaza mare
Să ne ventileze bine,
Să nu ne facem de rușine!

Știi? Ghicești? Ai nimerit
Răspunsul cel potrivit?
Hai, și nu mai fă pe-ursuzul,
Sigur, e autobuzul!

Însă nu orice mașină
Pe motorină sau benzină
Ori cu design geometric.
E autobuz electric!

E transportul ideal
Economic și real
Că ne-a spus doamna în clasă
Că electricul nu poluează!

139

Noxele sunt nevăzute
Gazele chiar dispărute.
Ecologic, nu? Se vede
Ăsta e transportul verde!

Scaunele-s tapițate
Parcă-s fotolii brocate
Iar geamurile mai oferă
Multă lumină, ca-n seră!

Micul monitor ne arată
Tot traseul, deodată.
Iar radioul oferă-n surdină
Puțină muzică lină!

Șoferu-i amabil, zâmbește
El în oglindă privește
Să știe tot ce se-ntâmplă,
Că datoria lui este sfântă!

Oamenii cu drag călătoresc,
Și noul autobuz privesc.
Ei știu c-orașul curat va fi
De transport verde vor folosi!

Avionul

- Tati, tati, mult aş vrea
Într-o zi, să pot zbura
Să ajung printre nori, sus,
S-admir pământul-n urcuş!

Şi într-o vacanţă scurtă
Am mers cu toţi la o nuntă.
Cum era şi indicat,
Avionul am luat!

Multă treabă n-am avut
Puţine bagaje-am făcut.
Şi-am comandat taxiul,
Cam aşa e obiceiul.

În aeroport, rumoare,
Agitaţie, nerăbdare...
Ninsoarea a încurcat
Avioanele la decolat.

Nici la-aterizări nu-i bine.
Tabela indică-n ordine
Multe curse anulate
Și chiar zeci, întârziate!

Patru ore-am așteptat
Până când am decolat!
Și în sfârșit ne-am așezat
La locul indicat!

În scaune noi ne-am fixat
Toți patru ne-am așezat
Așa cum normal e,
Că suntem familie!

Tati, primul că-i bărbat
Mami, cu Tudor s-a așezat.
Iar cum eu câștig mereu,
La hublou, că este-al meu!

Motoarele sunt pornite,
Stewardesele pregătite,
Instructajul ni se face,
Iar eu stau ca pe ace!

De emoție! Vreau să zbor,
S-ajung norul călător
Și chiar prin el să trec,
Să-am viteză, să-l întrec!

Și de trec vreo turbulență,
Stewardul s-aibă-indulgență
Că-ncepe revolta-n stomac,
Și chiar de rușine mă fac!

Avionul lin pornește
Apoi viteza îi crește,
Și crește, și se tot duce
La capăt de pistă ajunge!

Nimic n-are-n jur, totu-i gol
Sigură-i desprinderea de sol.
Și vezi că-n trepidația-i mică,
Avionul, botu-și ridică!

Parcă-ai râde, dar ți-e frică
Te hurducă, se ridică,
Urcă mult la înălțime,
Și altitudine obține!

Apoi zboară lin, frumos
Și văd pământul în jos.
Ceea ce mult mi-am dorit,
Chiar acum s-a împlinit!

Ce se vede-i o splendoare!
Văd pământ dar văd și soare!
Și trec prin norul vizibil,
Parcă-s omul invizibil!

Munții-s mici, sunt cât un pumn.
Mă amuză, cum să spun...
Că de aș vedea și ursul,
Cred că mă apucă râsul!

Copacii sunt bețișoare,
Mici, drepți și în picioare,
Iar pădurea înverzită,
Pare-o palmă răzvrătită!

Marea, parcă-i un lighean
De albastru, porțelan.
Iar vapoarele, cutii
Umblătoare, mici și gri!

Casele sunt mititele,
Zici c-au șerpi printre ele
Și orașele-s luminate
Parcă-s desenate-animate!

În curând aterizăm,
Ne pregătim și ne bucurăm
Că la Luton ne așteaptă
Vărul Lică dinspre tată.

Eu, visu` mi-am împlinit!
Am obținut ce-am râvnit.
Însă voi, când veți zbura
Îmi veți povesti, da?

Doctorița

Mama mea e doctoriță
Se-mbracă-n halat, nu-n rochiță.
Este un om bun și-ajută
Pe toți cei ce-o solicită!

Multă carte a învățat,
A citit și a studiat
Și a dat multe examene,
Meritând doar laude!

Este medic pentru-adulți.
Însă, dacă vrei s-asculți
De sfaturile ei, știi
Sigur, bine îți va fi!

Ziua, pleacă la spital
Că ce face ea-i vital!
Pacienții îi consultă,
Le dă tratament, i-ascultă!

Le indică analize,
Pe alții-i scoate din crize.
Și-anamneză ea le face,
Fără ca să îi dezbrace!

Mama mea e nefrolog
Cu rinichii are dialog!
Ei să fie sănătoși,
Ca să fim și noi voioși!

Are și dializați
Chiar de nu sunt internați.
Oare se leagă cu reumatismul?
Sincer, nu știu mecanismul!

Lipsește și noaptea de-acasă.
Pe noi, cu tati ne lasă
Și pleacă-n viteză, aleargă
Gardă-n spital ca să facă!

O noapte întreagă muncește!
Ea simte oboseala cum crește
Și cum toate acolo-au tangență,
O cheamă rapid și-n urgență!

Acasă ajunge lividă
Dar nu se uită-n oglindă.
Și chiar de-i mai răvășită
Noi o luăm de odihnită!

Doctoriță sunt și eu
Pentru ursulețul meu!
Cred că este cam răcit,
De aceea am dorit

Să-l consult și să-l conving
Că trebuie să ia, în schimb,
Tratament pentru gâtuț
Ca să nu-l pun în pătuț

Și injecții să îi fac,
Bolii să-i venim de hac.
Însă martinica Mura
Nu vrea să deschidă gura.

Cere zmeură și mure
Și multe afine de pădure.
Vrea și miere parfumată
Of, iar a mâncat-o toată?

Și-mi dau seama că e greu
Doctoriță să fiu eu!
Ai mulți pacienți credibili
Dar sunt și mulți imposibili!

Fără nume

Cum m-am apucat să scriu
Poezii, așa târziu?
Este-o bună întrebare
Pusă-n gând de fiecare.

Am liber un pic de timp
Am zis: ce dau atunci la schimb?
Să-l las să treacă, fără rost,
Și-odat` să zic: pe-aici am fost?

Iar fiica mea mi-a spus frumos,
C-a fost în glumă ori serios:
- Decât să stai să plictisești,
Mai bine scrii sau versuiești!

Și a trecut ceva vreme
Până când am început a așterne
Versuri frumoase și bogate,
Din realități vii inspirate.

Am nepoței mici și iubiți!
Sunt departe și sunt doriți!
De aceea, îi am în gând
În inimă, rimă și-n cuvânt!

Sunt personaje principale
În multe istorioare.
Sau, câteodată, naratori
Pentru cei auditori.

Cartea, lor e dedicată!
O spun cu inima curată!
Și aștept ca să mai crească,
Să învețe să citească,

Și apoi să-mi spună mie:
- Buni, vrei o poezie?
Ca să ne bucurăm cu toții,
Părinții, bunica, nepoții!

Subiectele sunt bine alese
Din viața de zi cu zi și drese.
Apoi, prelucrate, aranjate, ritmate
Și scrise, ca să-aibă de toate.

Sunt multe întâmplări petrecute
În viața mea și văzute
În școală sau de la joacă,
Folosind des cuvântul "toloacă".

Mai sunt personaje reale,
Unele chiar necuvântătoare.
Și atât o să spun: pisica!
Felina, albastra, mieunica.

Momentele creației sunt multe...
La masă, în pat, chiar unde scurte,
Afară sau chiar pe stradă,
De-i soare sau e zăpadă.

De am talent, chiar nu știu,
Poate voi afla mai târziu.
Nu-i un aspect important
Dar dacă, totuși, am un talant

Să-l înmulțesc, tare-aș vrea!
Ca la sfârșit, nu cumva
Să nu pot răspunde pe dat`
Talantul de ce-am îngropat.

Și mai este o problemă...
Idei, rimă, stratagemă...
Toate-mi vin atât de-ușor,
Toate-mi sunt de ajutor!

Duhul Sfânt îmi dă cuvinte,
Pune rime, amănunte.
Și nu este deloc greu,
Pentru că Îl rog mereu!

Deocamdată, le adun...
Poate-o carte, poate-album.
Bunul Dumnezeu știe ce-a fi,
Acum, sau într-o bună zi!

Cam atât am vrut să spun.
Sănătate! Rămas bun!
Și poezii de citiți fericiți,
Pe mine, vă rog, pomeniți!

Cuprins

Made in the USA
Middletown, DE
05 September 2023